Y BACCHAI

gan

EWRIPIDES

Cyfaddasiad

Gareth Miles

i Lisabeth a Gill

ⓗ y cyhoeddiad: Y Ganolfan Astudiaethau Addysg, 1991

ⓗ y testun: Gareth Miles, 1991

Argraffiad newydd: Medi 2003

ISBN: 1 85644 776 6

Cyhoeddwyd gan
Y Ganolfan Astudiaethau Addysg
Prifysgol Cymru Aberystwyth
Yr Hen Goleg
Aberystwyth

Cysodi:	Eirlys Parry
Dylunio:	Richard Huw Pritchard
Cynllun y clawr:	Richard Huw Pritchard
Paratoi'r proflenni:	Eirian Jones
Argraffu:	Gwasg y Lolfa

Diolchir i Gyd-Bwyllgor Addysg Cymru am hwyluso ailgyhoeddi'r addasiad hwn, ac i Awdurdod Cymwysterau, Cwricwlwm ac Asesu Cymru am eu cymorth ariannol.

RHAGAIR

Seiliwyd y Cyfaddasiad ar gyfieithiad Ffrangeg Henri Grégoire a Jules Meunier (*Collection des Universités de France, Paris*). Manteisiais hefyd yn helaeth ar adnabyddiaeth fy nghyfaill Ceri Sherlock o'r Roeg wreiddiol.

Cyn ymgymryd â'r trosi, amsugnais ieithweddau'r Cynfeirdd, y Gogynfeirdd, y Salmau ac Actau'r Apostolion yn ôl Wiliam Morgan, ac emynau Williams Pantycelyn ac Ann Griffiths. Ceisiais greu deialog a fyddai'n synthesis actadwy o'r rhain – yn ddealladwy heb fod yn anachronyddol, yn ystwyth heb fod yn wamal, yn urddasol heb fod yn fawreddog ac yn cyfleu gwerthoedd drama Ewripides heb fod yn ffug-hynafol. Cyn bo hir caf glywed i ba raddau y llwyddais.

Gareth Miles

**Pontypridd
Hydref, 1991**

Perfformiwyd y cyfaddasiad hwn gyntaf gan gwmni *Dalier Sylw*
Hydref 12-19, 1991, fel rhan o Ŵyl Caerdydd.

DIONYSIOS, duw'r gwin	RHODRI EVAN
PENTHEWS, arglwydd Thebai	HUW GARMON
CADMOS, sylfaenydd Dinas Thebai a thaid Penthews	OWEN GARMON
TEIRESIAS, proffwyd dall, gweledydd	NOEL WILLIAMS
AGAWE, mam Penthews a merch Cadmos	CHRISTINE PRITCHARD
Y NEGESYDD CYNTAF	GEOFFREY MORGAN
YR AIL NEGESYDD	GARETH MORRIS
Y BACCHAI	ALUN ELIDIR LISA PALFREY GRUG-MARIA DAVIES SIÂN SUMMERS SIÂN RIVERS NERYS LLOYD RHIAN DAVIES NIA MEDI
CYFARWYDDWR	CERI SHERLOCK

Y BACCHAI

Lleolir y chwarae yn Ninas Thebai.
Yn y cefndir, gwelir palas yr arglwydd Penthews a gerllaw iddo, adfeilion
cartref Semele, a'i beddrod.
Cwyd ychydig fwg yn ysbeidiol o'r bedd.
Ymddengys Dionysios. Ni chydnabyddir ei dduwdod, hyd yn oed gan ei
ddilynwyr, tan y diweddglo.

DIONYSIOS: Myfi –
Mab y duw goruchaf!
Mab Semele, ferch Cadmos Frenin
a rwygwyd o'i chroth gan
fellten ddwyfol!
Anfeidrol dduw
mewn gwisg o gnawd,
ar ddaear
Thebai –
Dionysios!

Beddrod fy mam daran-ddrylliedig,
adfeilion ei chartref
a chwalwyd
gan daranfollt fy Nhad,
yn dal i fudlosgi –
ernes o ddialedd
eiddigus,
rhyfygus
Hera,
gwraig Brenin y Duwiau,
a'i digasedd
at fy mam.

Ym mryniau euraidd Lydia bell y
cychwynnodd fy mhererindod. Teithiais
drwy ddolydd ffrwythlon Phrygia a thros
uchel wastatiroedd crasboeth Persia;
ymwelais â gwlad y Mediaid creulon,
Arabia lawen a dinasoedd poblog Asia fawr
a'r glasfor yn golchi ei glannau.

5

Thebai yw'r ddinas gyntaf yng Ngwlad Groeg imi gyrchu at ei muriau. Caiff y ddinas hon ddeall, er ei gwaethaf, na all hepgor traserch a medd-dod fy nghrefydd i, na chyfriniaeth fy nefodau; a 'mod i, Dionysios, gwir fab duw, am ddial sarhad fy mam druan trwy beri i ddynion weld a chydnabod mai mab y duw goruchaf ydwyf!

Yma, fel ymhobman arall, sefydlaf gynulleidfa i arfer fy nefodau, gan fynnu'r clod, y mawl a'r bri a berthyn i dduw. Gwisgaf y Thebiaid â ffedogau croen ewig, dodaf wiail eiddewog yn eu dwylo, a chânt glywed fy moliant i'n diasbedain o enau fy Menadai. Dyma pam:

Dylasai chwiorydd fy mam, yn anad neb, fod wedi gwarchod ei henw da. Ond yn lle hynny, beth ddigwyddodd? Cyhoeddodd Agawe, Inô ac Awtonoe nad mab duw ydwyf! Dywedasant i'w chwaer, Semele, gael ei beichiogi gan gariadfab meidrol ac iddi gyhuddo brenin y duwiau ar gam, i guddio'i chamwedd – dichell a gymhellwyd, meddent, gan eu tad, Cadmos. Yn ôl ei chwiorydd anffyddlon, dinistriwyd Semele gan daranfollt Sews am ymffrostio'n gelwyddog iddo ef ei charu.

Felly – fe'u cosbwyd! Anogais hwy â symbylau gorffwylledd i adael eu cartrefi. Wele hwy'n awr, â'u synhwyrau ar chwâl, dan orfodaeth i rodio'r mynyddoedd yn fy lifrai i. Gwallgofais hefyd bob menyw arall yn Thebai, a'i halltudio gyda merched Cadmos i breswylio ymhlith pinwydd a chreigiau.

Trosglwyddodd Cadmos ei dreftadaeth
frenhinol i'w ŵyr;
i fab ei ferch Agawe;
i ddihiryn sy'n gwadu fy nuwdod ac yn
rhyfela yn erbyn fy Achos;
i Penthews!
Esgymunodd Penthews fi o'i ebyrth ac ni
chyfeiria ataf fyth yn ei weddïau! Ond yn y
man, fe'i argyhoeddir yntau, a holl
drigolion Dinas Thebai gydag ef!
Wedyn, af innau rhagof i genhadu ymhlith
y bobloedd.

Os meiddia'r Thebiaid ymgyrchu yn erbyn
y Bacchai, a'u gorfodi â grym arfau i
ddychwelyd tua thre', tywysaf innau fy
Menadai dwyreiniol i oresgyn eu dinas.

Chi, fenywod a ddaeth o'r Dwyrain!
Chi, a'm dilynodd o gyffiniau mynydd
Tmolos!
Chi, luoedd barbaraidd Dionysios!
Datseiniwch eich tambwrinau, rhoddion y
Fam Fawr, Rhea!
Amgylchynwch y Palas! Perwch iddo
ddiasbedain!
Arswydwch ddinasyddion
Thebai â'ch salmau!
Af innau i gyd-feddwi ac i gyd-garu â'r
Bacchai ar lethrau mynydd Citheron.

CÔR:

O dir Asia
prysurais;
o lethrau Tmolos
rhedais!
Lludded hyfryd,
blinder braf
er mwyn Bromios!
Molaf Bromios,
bloeddiaf

7

"Efohe!"
Pwy sy'n dod?
Pwy sy'n dod?
Ciliwch!
Gwasgarwch!
Dim ond y pur ei dafod
a rodia ei gynteddau
ef!
Gwyn ei fyd
y pur o galon
a hyfforddwyd
yng nghyfrinion
Bachws.
Gwyn ei fyd
yr hwn a feddwa
gyda'n duw
ar gopa'r mynydd!
Llawen-lamu,
chwifio hudlath
Dionysios,
sanctaidd wialen
Dionysios!
Molwn ef!

Ewch y Bacchai,
Ewch at Bromios,
duw fab duw.
Ewch i'w hebrwng ef
o'r Dwyrain!
Deled ei Deyrnas
i Wlad Groeg!
Deled yma
i'n cysuro –
Bromios!
Bromios!
Cipiwyd di
o groth Semele
a ddifodwyd
gan y fellten!
Yng nghlun Sews

y cest ti
loches.
Clun-groth ddwyfol
yna'n esgor –
tarw corniog,
sarff-goronog!
Duw'r nadreddog
lawforynion
rydd y fron
i'r blaidd a'r llew!

Dinas Thebai,
henwlad Semele,
ag eiddew îr
corona'th ben!
Tyrd i'r wledd
arlwyodd Bachws,
tyrd dan chwifio
cangau'r deri,
tyrd dan chwifio
cangau pîn!
Bendigedig helfa'r
Bacchai
yn y bryniau!
Hela,
dala,
llorio,
lladd!
Torri gwddf
y bwch a ddaliwyd,
bwyta'i gorff,
drachtio'i waed!
Ti addolwn
Dionysios,
diolch i ti
fyth a wnawn.
Molwn di! Molwn di!
Arwain ni
at y gwin,
y llaeth

a'r mêl!
At dawch
aberthwaed
yn y goedwig,
arwain ni!
Gwisga'th ffedog,
brithflew ewig.
Neidia!
Dawnsia!
Gorfoledda!

Symbylau duw yn procio!
Symbylau duw yn pigo!
Symbylau duw yn pwyso!
Symbylau duw yn ffrwydro
gorthrymderau'r aelwyd!
I'r mynydd,
ffowch,
fenywod,
i ryddid pur
y Bacchai!

Tabyrddau Ynys Creta,
Pibau seinber Asia,
Salmau gwyllt y Bacchai,
yn canu mawl i ti –
Dionysios!

Arwain ni â'th ffagl yn fflamio!
Arwain ni â'th fwng fel lli
i dawelwch dy gorlannau –
Efohe! Efohe!
Arwain ni!

Llefara Bromios
yn ei ddyfnlais
"Ewch y Bacchai,
ewch â neges
Dionysios
at y Groegiaid!

Gorfoleddwch
yn ei dduwdod!
Curwch eich tabyrddau
gorffwyll!
Ffliwtiwch
ei wallgofrwydd
mwyn!
Llefwch!
Bloeddiwch!
Sgrechiwch!
Criwch!
Efohe! Efohe! Efohe! Efohe!"

TEIRESIAS: Pwy sy'n gwylio'r Porth?
Galwaf ar Cadmos,
Cadmos fab Agenor,
Cadmos a ddaeth gynt o Sidon ac
amgylchynu ein dinas â muriau!
Teiresias sydd yma, i gadw oed ac addewid
a wnaeth dau henwr â'i gilydd!
Daeth yr awr inni wisgo'r ffedog ddefodol
ac i chwifio'r hudlath eiddewog!

Ymddengys Cadmos

CADMOS: Adwaenais dy lais, 'rhen gyfaill – llais
doeth, gŵr doeth – a phrysurais o'r Palas â
lifrai'r duw eisoes amdanaf. Awn i foli
Dionysios â'n holl nerth – duw a anwyd o
groth fy merch i, Semele, ac a'i ddatgelodd
ei hun i ddynion! I ble'r awn ni i ddawnsio
a gorfoleddu? I ble i siglo'n pennau
gwynion? Teiresias, henwr doeth, dysg fy
henaint i. O hyn ymlaen, di-baid a diflino
fydd curiad fy hudlath ar y ddaear. O!
gwyn fy myd â gwefr y Gwanwyn yn
byrlymu trwy 'ngwythiennau hen!

TEIRESIAS: Rwy'n teimlo'n ifanc, fel tithau, wrth
ymdaflu i afiaith y ddawns!

CADMOS:	Ardderchog! Cyd-deithiwn tua'r mynydd yn fy ngherbyd brenhinol.
TEIRESIAS:	Nid felly y mae mawrygu Dionysios.
CADMOS:	Rwyf i'n rhy hen i dywys henwr arall.
TEIRESIAS:	Y duw ei hun a'n harweinia i'w gysegrleoedd ef.
CADMOS:	Ai ni fydd yr unig Thebiaid i ddawnsio ger bron Bachws?
TEIRESIAS:	Ie – a ni sy'n iawn! Gwallgofi mae'r rhelyw!
CADMOS:	Awn ar frys, felly. Rho imi'th law.
TEIRESIAS:	Cydia'n dynn ynddi.
CADMOS:	Parchaf y duwiau gan wybod mai meidrol wyf.
TEIRESIAS:	Beth a dâl hollti blew diwinyddol? Ofer fu holl ymdrechion meddylwyr mirain i drechu, â grym rhesymeg, yr hen, hen draddodiadau a etifeddwyd o genhedlaeth i genhedlaeth, yn dreftadaeth dragwyddol. Gwn yn iawn beth ddywed tafodau maleisus amdanaf: "Dyw'r hen ddawnsiwr hurt ddim yn parchu ei henaint ei hun!" Ta waeth gen i am hynny! Nid yw ein duw ni yn malio am oedran ei addolwyr. Heidia hen ac ifanc i'w gynulleidfaoedd ef. Ei ewyllys ef yw derbyn moliant un ac oll yn ddiwahân.
CADMOS:	Gan dy fod ti'n ddall, Teiresias, dyma rybudd fod Penthews fab Echion, fy ŵyr a'm hetifedd, yn prysuro tua'r Palas yn gythryblus ei wedd. Mae'n mynd i lefaru.

PENTHEWS:

Dychwelaf i Thebai
i'w iacháu o'r pla
diweddaraf
i'w bwrw.
Ein menywod
wedi ffoi o'u cartrefi
i gyboli ag ofergoelion
afiach
yn nhywyllwch y fforest!
Dawnsio,
canu,
moli
eu duw newydd,
Dionysios –
pwy bynnag yw hwnnw!
Gwragedd a merched
tinboeth
yn heidio
i'r diffeithwch
i lowcio gwin wrth y galwyn
ac i'w cnychu'n
ddiymadferth
gan hwrgwn glafoeriog!
Defodau Dionysios?
Pach!
Defodau duwies Anlladrwydd!
Daliwyd degau o'r giwed aflan
a'u carcharu
yn fy nghelloedd.
Af innau'n awr
ar drywydd y gweddill.
Dychwelaf
â'm mam fy hun,
Agawe,
a'i chwiorydd,
Inô ac Awtonoe,
mewn rhwydi haearn!
Yno cânt fod
nes cefnu ar grefydd mor wrthun.

Clywais fod dieithryn yn ein plith:
'Dewin o'r Dwyrain',
swynwr del,
gwyn a gwridog ei wedd,
ei lywethau euraid
yn perarogli
a hudoliaeth Affrodite'n
pefrio yn
ei lygaid glas.
Clywais fod
hwn
yn cyfathrachu,
nos a dydd,
â'r menywod
a aeth
ar ddisberod,
ac yn hudo
gwyryfon y Ddinas
i ymdrybaeddu
gydag ef
mewn aflendid!
Pan ddaliaf i'r cnaf
a'i garcharu,
gwnaf iddo anghofio sut i
waldio'r ddaear
â'i wialen
a'i fwng blêr yn chwyrlïo yn y gwynt!
Gwnaf –
trwy wahanu ei ben
a'i gorff
â bwyell!
Dyna fydd diwedd diawl
sy'n datgan:
"Dionysios sydd dduw!
Celwyd ef gynt yng nghlun Sews, brenin y
duwiau!"
Y gwir yw hyn: difawyd yr erthyl a'r fam
gyda'i gilydd gan y fellten ddwyfol, am i'r
ast haerllug honni fod Sews yn ei charu!

Prin fod y fath gelwyddgi sarhaus, sy'n
herio f'awdurdod i, yn deilwng o'r
crocbren!

Ond beth yw hyn? Rhyfeddod y
rhyfeddodau! Teiresias ddoeth, Teiresias
broffwyd, mewn ffedog croen ewig! A
gydag ef, wedi ei wisgo'r un ffunud – ac yn
chwifio'i wialen fel dyn o'i go', neu un o'r
Bacchai – tad fy mam!

Rho'r gorau i'r fath ffwlbri, Taid! Wyt ti'n
dechrau gwirioni yn dy henaint? Tafla'r ffon
a'r geriach ar domen y byd cyn imi'th
ddiarddel!

Teiresias! Ti lenwodd ei ben ag
ynfydrwydd! Rwyt ti'n gobeithio elwa ar
gorn y dynion hanner-pan y llwyddi i'w
perswadio i addoli duw newydd o'r
Dwyrain! Oni bai 'mod i'n parchu dy wallt
gwyn, caet tithau dy garcharu gyda'r
Bacchai am hyrwyddo ofergoeliaeth! Dim
ond crefydd wrthun, afiach, wyrdroëdig
fyddai'n arllwys gwin i lawr corn gyddfau
menywod!

CÔR: Cabledd! Cabledd! Cabledd!
                O, ynfyd! Ofna'r duwiau!
                Ofna Gadmos, sylfaenydd y Ddinas!
                Na ddwg warth ar dy hil!

TEIRESIAS: Wrth i ŵr doeth drafod achos teilwng, bydd
                ei iaith yn hardd ac yn urddasol. Ond er
                bod d'eiriau di'n rhugl a'th dafod yn ffraeth,
                'does fawr o synnwyr yn yr hyn a ddywedi.
                Melltith ar y Ddinas yw rhethregwr
                haerllug, medrus, diegwyddor! Pa sut, pa
                fodd y mae datgan maint y duwdod newydd

15

hwn, ryw ddydd, ymhlith y Groegiaid! Dealla di hyn, fy mab: dau rym sylfaenol sy'n cynnal y Ddynoliaeth sef Demeter, duwies y Ddaear, sy'n bwydo dynion; a Dionysios fab Sews, a ddarganfu allu rhiniol sudd y winwydden i leddfu siom a blinder. Pan fydd dynion yn llawn o neithdar y grawnsypiau, anghofiant boenau bywyd ym mreichiau Cwsg – yr unig ffisig di-ffael.

Y duw hwn, sydd wir dduw, a offrymir yn y caregl, a thrwy ei aberth ef y bendithir yr holl bobl.

Doniol iawn, yn dy farn di, yw'r hanes amdano'n cael ei guddio yng nghlun Sews. Gad imi egluro iti beth a ddigwyddodd mewn gwirionedd. Pan gipiodd Sews y baban-dduw o fflamau'r fellten a'i gludo i Olimpos, 'roedd Hera, ei wraig, a brenhines y duwiau, am fwrw'r crwt, bendramwnwgl, o'r Nefoedd. Ond difethodd Sews holl-alluog y cynllwyn â chyfrwystra dwyfol. Rhwygodd glwt o'r ether sy'n amgylchynu'r byd a llunio ohono rith, efelychiad, ffug-Ddionysios, a'i gyflwyno i'w wraig eiddigus i liniaru ei llid. Chwedl dlos yr esgorodd treigl y canrifoedd arni yw'r stori am guddfan yng nghlun brenin y duwiau.

Cofia di fod Dionysios yn meddu dawn broffwydol. Pan fo dyn wedi ei lwyr feddiannu gan y duw Bachws, gall rag-weld y dyfodol. Mae hefyd yn gymrawd i Ares, duw Rhyfel. Gwelwyd ef yn codi'r fath arswyd ar fyddin arfog nes i honno gefnu ar ei gwrthwynebwyr heb i'r un ergyd gael ei

16

tharo. Cynddaredd Bachws sy'n gyfrifol am beth felly. Fe'i gweli hefyd yn gwibio ac yn adlamu dros greigiau oraclaidd Delffos â ffagl danllyd yn ei ddwrn, yn dduw mawr, grymus, enwog trwy Wlad Groeg benbaladr.

Gwrando arna'i, Penthews ... Paid â rhyfygu rhagor. Paid â chredu fod d'arglwyddiaeth yn hollalluog. Paid â chamgymryd rhwng ffantasïau dy feddwl clafychus a gwir ddoethineb. Paid ag esgymuno'r duw Dionysios o'th allorau. Croesawa ef i'n plith. Perlesmeiria gyda'th bobl. Rho goron eiddew am dy ben.

Ac nid lle Bachws yw cymell menywod i'w addoli'n gymedrol! Mae natur gynhenid menyw'n ei hannog i ymddwyn yn weddus ar bob achlysur, beth bynnag. 'Dyw perlesmair y Bacchai byth yn llygru menyw wironeddol ddiwair!

Cofia hefyd, Penthews, gymaint o flas gei di ar weld a chlywed torf o ddinasyddion yn banllefu d'enw ger pyrth y Palas. Mae Dionysios, fel tithau, yn mwynhau gwrogaeth ei ddeiliaid.

Beth bynnag ddywedi di, waeth faint dy ddirmyg, mynn Cadmos a minnau wisgo ein coronau eiddew a dawnsio, dawnsio, dawnsio'n benwyn, doed a ddêl! Wnaiff d'eiriau di byth ein cymell i herio'r duwiau! Ynfytyn creulon! 'Does yn y byd feddyginiaeth all wrthweithio'r gwenwyn sy'n llygru d'enaid di!

CÔR: Teiresias, dy eiriau sydd ddoeth! Molaist y duw mawr Bromios heb iselhau Apolo!

17

CADMOS:	Fy mab, derbyn gyngor Teiresias. Aros gyda ni ac na wahardd ein traddodiadau. Mae dy feddwl ar chwâl ac ymresymi mewn gawgle.

A bwrw, am eiliad, fel y mynni di, nad yw
Dionysios yn dduw mewn gwirioendd ...
Wel, onid da o beth fyddai iti, serch hynny,
gymryd arnat gredu – fel bod dy ddeiliaid yn
cydnabod Semele fel mam i un o'r duwiau?
Oni fyddai hynny'n ychwanegu at fri ein teulu?
Cofia dynged enbyd Acteon a rwygwyd yn
gyrbibion gan y cŵn rheibus a fagodd ef ei hun,
am iddo frolio ei fod yn well heliwr na duwies
yr helfa, Artemis. Cymer dithau ofal. Gad imi
goroni'th dalcen â'r eiddew hwn.
Tyrd gyda ni i blygu glin ger bron y duw,
Dionysios!

PENTHEWS:	Cadw dy fachau hynafol i ti dy hun, yr hen lembo!

Cer o'ma i wirioni!
Paid â'm halogi i â'th hurtrwydd!
Ond amdanat ti, y dewin dwl a barlysodd
bwyll y llegach
– 'rwyf am d'andwyo!

Ewch i'r deml lle gwylia'r ehediaid.
Â fforch neu dryfer
dymchwelwch
ei orsedd a'i allor!
Trowch bopeth ben i waered a theflwch
ei geriach
i'r ddrycin!
Ni osodir cosb fwy deifiol ar gonsurwr na
hynny.
Chwiliaf innau bob twll a chornel o'r
Ddinas nes dod o hyd i'r cadi-ffan estronol
sy'n heintio'n gwragedd, yn halogi'n

haelwydydd.
Fe'i daliaf,
fe'i cadwynaf,
fe'i dedfrydaf i farwolaeth
a chaiff ei labyddio.
Diwedd pitw puteiniwr Thebai!

TEIRESIAS: Gwae ti, Penthews! 'Dwyt ti ddim yn deall
ystyr d'eiriau dy hun! Gynnau, 'roeddit yn
cyfeiliorni. Erbyn hyn, 'rwyt ti'n lloerig
bost! Tyrd, Cadmos, awn i weddïo dros y
Ddinas ac i ymbil ar y duw i atal ei law.
Cwyd dy wialen eiddewog. Cynnal fy
ngherddediad a gwnaf innau'r un modd i ti
rhag i ddau henwr penwyn gwympo ar ben
ei gilydd!

Mynnwn ni wasanaethu Bachws fab Sews,
doed a ddêl – ond na foed i Benthews arwain
ei deulu i drybini! Nid y ddawn broffwydol
sy'n codi arswyd arna' i'n awr, ond cyflwr
yr unben ei hun. Gwobr anochel rhyfyg yr
anghall yw angau.

Aiff Teiresias a Cadmos allan

CÔR: O dduwies aur-adeiniog,
trugarhâ!
Clyw gabledd Penthews,
clyw ei athrod
yn erbyn Bromios,
fab Semele,
meistr dawns
a choron flodau,
brenin gwleddoedd tangnefeddus
sy'n arllwys cwsg o gawg y gwin!
Gwae sy'n deillio
o areithiau
dilyffethair!

Ing a ddaw
o eithafrwydd
yr annuwiol!
Byw yn dawel,
byw'n rhesymol
ddiogela
blant y llawr
rhag castiau Ffawd.
Mae'r Anfeidrolion,
fry'n yr entrych
yn ein gwylio.
Na ryfygwn
nac anelu
yn rhy uchel.
Byr yw bywyd.
Ymdawelwn
ac osgoi
traha yr ynfyd.
Hed, fy enaid,
hed i Gupros,
ynys sanctaidd
Affrodite,
teyrnas Serch
a bro'r synhwyrau.
Yna, yn dy flaen
i Pharos
a ffrwythlonnir
gan yr afon
fil-aberog.
Wedyn Pieria
hardd ei thirwedd
ac Olimpos,
cartre'r Awen.
Yno, Bachws,
arwain, f'enaid.
Yno, Bromios,
arlwya wledd
lle caf foli
Dionysios –

lle i'r Bacchai
fyw mewn hedd.
Cyfeddach a lawenha ein Harglwydd dduw
fab duw;
Heddwch, eilun y gwŷr ifainc sydd wrth ei
fodd.

Y tlawd a'r goludog, y claf a'r iach a gysura
â'i win;
cas ganddo ef y gŵr aflawen sy'n cywain
meddyliau astrus ac annuwiol, yr hwn sy'n
dirmygu diddanwch y dydd a
mwynderau'r nos

Y ffydd hon a arddelaf i; crefydd y lliaws
anwybodus a gofleidiaf.

Gweision Penthews yn tywys Dionysios ger ei fron, mewn cadwynau.
Un o'r gweision yn llefaru:

GWAS: Penthews, dyma'r prae y gorchmynnaist
inni ei hela – wedi ei ddal a'i ddofi. Ni
wnaeth yr un ymdrech i ddianc o'n gafael.
Yn wir, cynigiodd ei freichiau inni'n gwrtais
iawn, gan ddweud ei fod yn awyddus inni
eu rhwymo a'i dywys atat ti.

Teimlwn yn chwithig ac yntau'n sefyll yno
dan wenu'n siriol, yn gwneud fy swydd i'n
un mor hawdd. Meddwn i wrtho:
"Ddieithryn, er fy ngwaethaf y gwnaf i hyn
iti. Dyna orchymyn Penthews, ac ni feiddiaf
anufuddhau".

A daeth newydd am y Bacchai a ddodwyd
mewn cyffion. Maent yn rhydd unwaith
eto, yn neidio ac yn prancio hyd y dolydd
dan orfoleddu a chanu mawl i Bromios.
Ymddatododd eu hualau ohonynt eu

21

hunain ac agorwyd y byllt ar ddrysau'r
celloedd heb i'r un llaw feidrol eu cyffwrdd!

Daeth y gŵr hwn i Ddinas Thebai i gyflawni
rhyfeddodau. Gair i gall, Penthews ...

PENTHEWS: Rhyddhewch ef. Waeth pa mor heini yw'r
llanc, wnaiff e' ddim llithro o 'ngafael i!

Mae rhywbeth digon deniadol ynot ti, ŵr
ifanc; deniadol dros ben i ferched! Dyna
pam y daethost i Thebai, yntê? Hawdd
gweld oddi wrth dy gydynnau crychiog,
persawrus, a'th wyneb tlws na fuost ti
erioed yn baffiwr nac yn ymaflwr codwm.
Ond 'rwy'n siŵr dy fod ti'n bencampwr
ymhlith cariadon! Croen claerwyn wedi ei
gysgodi rhag pelydrau'r haul, er mwyn
disgleirio yng ngornestau Affrodite!

Dywed wrtha'i, yn gyntaf, o ble dest ti?

DIONYSIOS: O lethrau Tmolos, mynydd y blodau.

PENTHEWS: Gwn i amdano; mae yn ardal Sardis.

DIONYSIOS: Yno y'm ganwyd; Lydia yw fy mamwlad.

PENTHEWS: O ble y daeth y defodau 'rwyt ti'n eu lledaenu?

DIONYSIOS: Dionysios a'm dysgodd; mab Sews yw fy athro.

PENTHEWS: A yw hwnnw, megis Sews, yn dad duwiau
newydd?

DIONYSIOS: Nid oes ond un Sews, un brenin y duwiau,
sef yr un a garodd Semele gynt, ger y fan hon.

PENTHEWS: Ai liw dydd, ai liw nos y llefara ef wrthyt?

DIONYSIOS:	Gwelaf ei wedd pan glywaf ei lais.
PENTHEWS:	Dymunaf gael clywed rhai o'i ddirgelion.
DIONYSIOS:	Ni'th dderbyniwyd di i'n plith; ni chei glywed yr un.
PENTHEWS:	Pa fudd ddaw i'ch rhan, chi addolwyr Dionysios?
DIONYSIOS:	Braint fawr, anrhaethol nas datgelir i ti.
PENTHEWS:	Abwyd truenus i geisio fy hudo.
DIONYSIOS:	Ffiaidd yw'r gŵr sy'n cablu mab duw.
PENTHEWS:	Os gwelaist ti ef – dwed sut wyneb sy' ganddo!
DIONYSIOS:	Un a ryngai fodd iddo ef; un o'i weision wyf i.
PENTHEWS:	Atebiad cyfrwysgall i guddio anwiredd.
DIONYSIOS:	Yng nghlust yr annuwiol, ffiloreg yw'r gwir.
PENTHEWS:	Ai'r Thebiaid yw'r cyntaf i glywed am Bachws?
DIONYSIOS:	Fe'i haddolir gan bobloedd Barbaria i gyd.
PENTHEWS:	Maent hwy gymaint llai goleuedig na'r Groegiaid.
DIONYSIOS:	Mewn duwiol ddefosiwn, maent ymhell ar y blaen.
PENTHEWS:	Ar ba awr o'r dydd yr addolwch eich eilun?
DIONYSIOS:	Liw nos, gan mwyaf – cysegredig yw'r gwyll.

PENTHEWS:	Dyna'r amser delfrydol i hudo menywod!
DIONYSIOS:	Cyn hawsed, bob tamed, camweddu liw dydd.
PENTHEWS:	Fe gosbaf yn llym dy rethreg anfoesol!
DIONYSIOS:	Dy gabledd cyn hir fydd yn foddion i'th ladd.
PENTHEWS:	Y peth cyntaf a wnaf fydd eillio'r pen hirwallt.
DIONYSIOS:	Fy llywethau sydd sanctaidd – fe'u heneiniwyd gan dduw.
PENTHEWS:	Gollwng ar unwaith dy wialen blentynnaidd!
DIONYSIOS:	Bachws a'i piau; ni chei mohoni hi.
PENTHEWS:	Fe'th garcharaf mewn cell yng nghrombil y Palas.
DIONYSIOS:	Daw fy nuw i'm rhyddhau pan glyw ef fy nghri.
PENTHEWS:	Pan glyw di'n oernadu ynghanol y Bacchai!
DIONYSIOS:	Fe glyw ac fe wêl fy nirfawr sarhad.
PENTHEWS:	Ble mae e'? Ble mae e'? Ni wêl fy llygaid i mohono!
DIONYSIOS:	Saif yma gyda mi; 'rwyt ti'n rhy ddall i'w weld.
PENTHEWS:	Ewch ag ef ymaith! Mae'n fy sarhau i a Thebai!
DIONYSIOS:	Os gwnei di 'nghadwyno – cei edifarhau.

PENTHEWS: Mae gen i hawl i'th garcharu – gan mod i'n gryfach.

DIONYSIOS: Ni wyddost beth a wnei; ni wyddost pwy wyt.

PENTHEWS: Gwn yn union. Fi yw Penthews, fab Agawe ac Echion.

DIONYSIOS: Ystyr 'Penthews' yw 'tristwch'; dy dynged fydd drist.

PENTHEWS: Dos o 'ngolwg i!
Dodwch ef dan glo ym mherfeddion fy stablau, fe na wêl ei lygaid ddim ond tywyllwch dudew. Dawnsia faint a fynni di yno, gyfaill! Ac am dy gyd-ddawnswyr, dy gyfeillesau gwallgo, y Bacchai bondigrybwyll, un ai fe'u gwerthaf fel caethion, neu eu gyrru'n ôl i'w cartrefi.

DIONYSIOS: Af yn ddibryder, gan wybod na fydd raid imi ddioddef y sarhad a arfaethi. Ond deall di hyn – dialedd Dionysios fydd y gosb am fy nirmygu. Wrth wneud cam â mi, 'rwyt yn ei waradwyddo ef!

CÔR: Dirce! Ddwyfol
afon Thebai,
ar dy lannau
cipiodd Sews
ei fab o'r tân.
Croth a luniodd
yn ei glun
i'r baban
Bachws
gan orchymyn
i'r holl Thebiaid
ei foli Ef.
Dirce lawen,
rwyt ti'n erlid

25

fy ngharfannau!
Rwyt ti'n gwrthod
dawns y dail
a'r cangau
glaswyrdd!
Dywed wrthyf,
afon Dirce,
pam y ffieiddi
fy nefodau?
Tyngaf lw
yn enw Bachws,
Arglwydd medd-dod y
grawnsypiau,
y dychweli
ato ef!

Penthews ap Echion!
Anghenfil!
Bwystfil!
Dreigfab!
Cawr gwaedlyd!
Duw-dreisiwr!
Rhwydodd fi!
Cadwynodd fi
mewn carchar tywyll, du,
yn y dwnsiwn
dyfnaf!
Carcharodd f'arweinydd gwiw!
Erglyw ni,
Dionysios
fab Sews
a chosba'r
anffyddiwr,
erlidiwr
dy bobl!
Dywysog eurwallt,
tyred!
Disgyn o gopa
Olimpos
a dymchwel

orsedd y Teyrn!

Ble'r wyt ti, Dionysios?
O gilfachau Olimpos – tyred!
O goedlannau'r swynwr, Orffews – tyred!
Dros foroedd a gwastadeddau maith –
tyred!
Â'th fyddin fenywaidd gref – tyred!
Dionysios – tyred atom ni!

Clywir diasbadau Dionysios o'r palas. Cynhyrfir y menywod sy'n gwrando'n astud.

DIONYSIOS:

Yn y Palas

Erglywch fi! Erglywch fy llais!
Erglywch fi! Erglywch fy llais!
Iô! Bacchai! Iô! Bachai! Iô!

CÔR:

Pwy sy'n llefain? Pwy sy'n ymbil?
Ai ti? Ai ti? Ai ti sy'n galw, Efhios?

DIONYSIOS:

Iô! Iô! Iô! Myfi sy'n galw!
Iô! Iô! Iô! Myfi sy'n ymbil!
Iô! Iô! Iô! Myfi sy'n llefain!
Dionysios fab Semele!
Dionysios fab Sews!

CÔR:

Iô! Iô!
Tyred atom, Arglwydd!
Iô! Iô!
Tyred di i'n plith!
Iô! Iô!
Tyred, fy Anwylyd!
Iô! Iô!
Meddianna ni, bob un!
Bromios! Bromios! Bromios!

DIONYSIOS:

Henffych well, ddwyfol gynhyrfiad!
Pâr di i'r ddaear ddirgrynu!

27

Sŵn Taran. Fflam yn fflachio o feddrod Semele.

CÔR:

Tân! Tân! Tân!
Weli di ddim? Weli di ddim?
Tân! Tân! Tân!
Weli di ddim? Weli di ddim?
Tân! Tân! Tân!
Bedd Semele ar dân,
Semele ar dân
a'r baban yn ei bol!
Tân taranfollt Sews!
Tân taranfollt Sews!
Grym Dionysios,
Y palas-ddymchwelwr!
Mawrygwn ein Harglwydd, Dionysios fab
Sews!

Y menywod yn ymddarostwng. Daw Dionysios allan o'r Palas.

DIONYSIOS:

Atolwg, farbaresau, pam yr ymgreiniwch?
Gawsoch chi fraw pan roddodd Bachws
'sgytwad i balas y teyrn?
Dewch. Codwch a byddwch ddiddan!

CÔR:

Oleuni tra-disglair, enynnwr perlesmair,
Meddianna fi'n llwyr â'th lawenydd di-drai!

DIONYSIOS:

A syrthiasoch, fy chwiorydd, i gors o
anobaith
a minnau yng ngharchar tywyll y Teyrn?

CÔR:

Do yn wir, gan mai ti yw ein noddfa a'n nerth.
Dywed wrthym: sut y llwyddaist i ddianc
o'i afael?

DIONYSIOS:

Heb help neb na dim ond fy noniau fy hun.

CÔR:

Beth am y cadwynau? A beth am y cyffion?

28

DIONYSIOS: Dyna gamgymeriad mawr y dihiryn! Er iddo gredu ei fod wedi 'nghadwyno, mewn gwirionedd, chyffyrddodd e' mohonof i! Digwyddai fod anghenfil o darw mawr yn yr un stabl ac aeth yr unben lloerig yno'n ddiymdroi i geisio cordeddu coesau a charnau hwnnw! Am le, f'anwyliaid! Penthews yn ymaflyd â'r tarw a hwnnw'n rhuo, yn puo, yn glafoerio, yn gwanu ei wefus â'i ddannedd, a'r chwys yn pistyllio i lawr ei gefn – a minnau ar ben fy nigon yn gwylio'r hwyl!

Dyna pryd y goresgynnodd Bachws y Palas, dan chwifio uwch ei ben ffagl a gynheuwyd gan fflamau beddrod ei fam. Tybiodd Penthews fod ei blasty ar dân! Rhuthrodd yn ôl a blaen fel gwallgofddyn gan gymell ei weision i arllwys rhaeadrau o ddŵr ar goelcerth nad oedd ond rhith! Yna, gan gredu 'mod i wedi dianc, cydiodd yr unben dewr yn ei gledd. Beth wnaeth Bachws – o leia', 'rwy'n cymryd mai ef oedd yn gyfrifol – ond llunio drychiolaeth. Trywanodd Penthews y bwgan gan gredu'n ffyddiog ei fod wedi torri 'ngwddf!

'Roedd gwaeth amarch i ddilyn – cwympodd y Palas yn deilchion am ben y teyrn a'i weision! Talodd Penthews ddirwy ddrud am iddo 'ngharcharu i! Dim rhyfedd – ac yntau, feidrolyn, wedi meiddio mynd i'r afael â duw!

Fe'i llethwyd gan y brofedigaeth a chan flinder. Gan ollwng ei gleddyf, cwympodd yn ddiymadferth, tra llithrais innau'n ddi-stŵr allan o'r adfail. A dyma fi!

Ust! Clywch – sodlau'r teyrn yn clecian tuag atom!

Ys gwn i sut hwyl sydd arno erbyn hyn?

Waeth gen i faint y bytheiria – ni frawychir y doeth gan eiriau ynfytyn!

Penthews, yn wylltach nag erioed, yn dod allan o'r Palas.

PENTHEWS: Aflwydd melltigedig! Y Dieithryn wedi dianc – er i mi ei gadwyno!

Wedi dianc? Dacw fe! Beth yw hyn? Pam 'rwyt ti'n dal i sefyllian o flaen fy mhlasty a thithau newydd ffoi ohono?

DIONYSIOS: Ymbwylla, annwyl ffrind! Beth dâl ymlidio'n gas?

PENTHEWS: Sut y daethost o'th rwymau'n rhydd? Sut y daethost o'r danchwa'n iach?

DIONYSIOS: Dywedais wrthyt gynnau y deuai rhywun i'm rhyddhau.

PENTHEWS: Rhywun? Rhywun? Pwy? Pa gelwydd newydd 'nawr?

DIONYSIOS: Tywysog y grawnsypiau yw 'nghymwynaswr hael.

PENTHEWS: Tywysog sy'n teyrnasu trwy feddw rym y gwin!

DIONYSIOS: Rwyt ti'n mawrygu Bachws wrth geisio'i sarhau.

PENTHEWS: Caewch holl byrth y Ddinas! Caewch y pyrth yn glau!

DIONYSIOS: Ni lwyddodd porth na magwyr i atal hynt fy nuw!

PENTHEWS: Mor rhugl dy resymau! Mor rhugl a di-fudd.

DIONYSIOS: Amcan pob gair a glywaist yw d'arbed rhag gwae! Dacw un o'th weision yn prysuro tuag yma o gyfeiriad y mynydd. Ys gwn i pa newydd sydd ganddo? Gwrando ar ei neges, ac na phoena amdanaf i; syfla' i ddim o'r fan.

Daw Buach i mewn.

NEGESYDD 1: Henffych well, f'arglwydd Penthews ... Deuthum, heb orffwys unwaith, o lethrau Citheron draw; Citheron goediog, glaerwyn ei gopa ...

PENTHEWS: Traddoda dy neges yn ddi-ragymadrodd!

NEGESYDD 1: Draw ar yr ucheldir gwelais y Bacchai, sef gwragedd syber a ruthrodd o Thebai fel petaent yn cael eu pigo gan symbylau. Deuthum, f'arglwydd, i ddisgrifio eu campau i ti a'th bobl. Maent yn cyflawni gorchestion mwy rhyfeddol na gwyrthiau ... Ond, f'arglwydd ... a ddylwn i adrodd yr hanes yn ddi-flewyn-ar-dafod, ynteu cymedroli 'ngeiriau? Ofnaf gynyrfiadau d'ysbryd, unben; dy ddicter chwim ac eithafion dy dymer frenhinol.

PENTHEWS: Llefara'n hy ac nac ofna. Ni ddylid cosbi'r sawl sy'n gwneud ei ddyletswydd ... Ond po fwyaf glywaf am y Bacchai, mwyaf fy mhenderfyniad i ddienyddio'r budrogyn sy'n sibrwd anlladrwydd yng nghlustiau ein menywod!

31

NEGESYDD 1: Tua thoriad gwawr oedd hi, a minnau'n dilyn fy ngyr dros y rhostir ger copa mynydd Citheron. Yn ddisymwth, gwelais dair byddin o fenywod; un dan arweiniad dy fam, Agawe, a'i chwiorydd Awtonoe ac Inô yn blaenori'r ddwy arall.

'Roeddynt oll yn cysgu'n drwm, rhai'n gorffwys eu cyrff gosgeiddig ar gangau pîn, ac eraill ar ddail y dderwen, neu ar y ddaear. 'Doedd 'run arwydd o anniweirdeb nac anlladrwydd. Dim medd-dod, fel yr honnaist ti. Neb yn anweddus nac yn cam-fyhafio yn y llwyni!

Ond gynted ag y clywodd dy fam, Agawe, y da'n brefu, cododd o blith y Bacchai a rhoi bloedd uchel i ddeffro'i chyfeillesau. Cododd y menywod oll, hen ac ifainc, gwragedd priod a genethod – golygfa fendigedig! – a golchi ymaith olion cwsg oddi ar eu hamrannau a'u hwynebau.

Yna, gollwng eu llywethau llaes yn donnau dros eu hysgwyddau, tynhau careiau ffedogau o groen ewig, a lapio seirff a nadroedd am eu gyddfau. Anwesai rhai ewigod a chenawod, a'r rheini'n sugno bronnau chwyddedig y mamau ifainc a oedd wedi cefnu ar eu plant eu hunain. Gwisgai pob menyw goron o ddail eiddew.

Trawodd un y ddaear â'i gwialen a sbonciodd ffrwd o ddŵr croyw o'r fan. Daeth un arall, heb fawr o chwilio, o hyd i ffynnon win a gloddiwyd gan ei duw. A dim ond crafu'r pridd â'u hewinedd oedd raid iddynt i beri i laeth gwyn lifo'n nentydd. Diferai diliau mêl oddi ar eu gwiail ...

Petaet wedi gweld hyn oll, f'arglwydd,
byddet yn clodfori'r duw 'rwyt yn ei gablu!

Nawr 'te, daethom ni fugeiliaid a buachod i
gyd at ein gilydd i drafod y miraglau hyn, a
phawb yn gytûn na welwyd erioed y fath
ryfeddodau. Ond cododd un o'r hogiau ar
ei draed – siaradwr huawdl iawn, ac yn
gyfarwydd â dulliau'r Ddinas – ac meddai
hwn: "Drigolion y mynydd-dir cysegredig,
onid da o beth fyddai inni hela a dal y
Frenhines Agawe, mam Penthews, a'i
dychwelyd iddo, oddi wrth y Bacchai?
Byddai'n ddiolchgar dros ben inni, mi wn."

'Roedd pawb o blaid, ac aethom oll i guddio
yn y llwyni, i aros ein cyfle.

Yn y man, dyma'r miri'n dechrau! Y
menywod i gyd yn chwifio'u gwiail dan
ddawnsio a llafarganu a moli Iachos,
Bromios, Dionysios fab Sews, nes aeth y
mynydd i gyd, a phob coeden, planhigyn ac
anifail arno, yn hollol wallgo!

Dyna pryd y llamodd Agawe ei hun o fewn
hyd braich imi. Neidiais innau o
'nghuddfan a chydio ynddi. Ond
sgrechiodd hi gan fferru 'ngwaed! "O, fy
ngeist dialgar, chwim – maent ar ein
trywydd! Mae gwrywod yn ein plith! I'r
gad! I'r gad! Ymarfogwch â'ch gwiail
anorchfygol!"

Oni bai ein bod ni, ddynion, wedi cymryd y
goes yn ddiymdroi, buasai'r Bacchai wedi'n
llarpio! Ond druan o'r gwartheg! Darniwyd
y rheini gan y menywod, heb yr un llafn na
phastwn haearn! Dy fam, Agawe, yn codi
buwch fawr, gyflo uwch ei phen i'w dryllio.

Eraill yn rhwygo buchod yn siwrwd
gwaedlyd. Brefu, puo arswydus! Cnawd,
carnau, coesau, clunia'r da yn gyrbibion ar
gangau'r pinwydd, a gwaed, gwaed
ymhobman! Tarw cynddeiriog, yn barod i
gornio, yn cael ei lorio ar amrantiad, a mil o
ddwylo benywaidd yn crafangu pob
mymryn o gnawd oddi ar ei sgerbwd mewn
eiliadau!

Yna, fel haid o adar ysglyfaethus yn codi i'r
awyr, aethant ar wib tua'r gwastadeddau
toreithiog sy'n bwydo Thebai. Goresgyn a
sarnu'r pentrefi sydd wrth droed mynydd
Citheron, a dwyn ymaith y plant yn wystlon
ar eu hysgwyddau, ar garlam gwyllt!
Cydiodd y pentrefwyr yn eu harfau gan
ymlid y Bacchai a'u bygwth â ffaglau ...

Ond ni all fflamau ysu'r menywod hyn, na
haearn wanu eu cnawd! Gallant hwy, fodd
bynnag, ddolurio'u gelynion yn enbyd â'u
gwiail – ac wele gwrywod arfog yn ffoi'n
ddiymgeledd o'u blaen! Prawf pendant fod
un o'r duwiau o'u plaid.

Dychwelyd, o'r diwedd, i'r gwersyll
benywaidd, at y ffynhonnau pur a
ddarparodd eu duw ar eu cyfer. Golchi
dwylo yn y dŵr clir, a'r seirff yn llyfu
gwaed oddi ar eu gruddiau.

Pwy bynnag yw'r duw hwn, f'arglwydd,
croesawa ef i'r Ddinas. Mawr iawn yw, a
mawr ei gymwynasau i blant dynion. Nid y
lleiaf o'r rhain, medd llawer, yw sudd y
winwydden, a'i ddawn i beri i'n
siomedigaethau huno. Heb win, heb ddim;
heb serch, heb ddiddanwch o unrhyw fath
yn y byd hwn.

34

Mae arna'i ofn dweud hyn wrthyt ti, unben,
ond fe wnaf: ein duw ni, Dionysios, sydd
wir dduw!

PENTHEWS: Tân diafol yw crefydd wallgo'r Bacchai.
Salwch gwaradwyddus sy'n ein gwneud
ni'n destun sbort i Wlad Groeg benbaladr.
Dos, ar unwaith, i'r gaer, a gorchymyn fy
rhyfelwyr oll, yn bicellwyr, saethwyr
a marchogion, i ymbaratoi.

Derfydd amdanom fel cenedl oni
wastrodwn, unwaith ac am byth, y
menywod haerllug sy'n ein dilorni!

DIONYSIOS: Fynni di mo 'nghredu, Penthews, ond er iti
'ngham-drin i gymaint, rhof air o gyngor iti.
Ddylet ti ddim, ar unrhyw gyfrif, rhyfela yn
erbyn un o'r duwiau. Callia! Wnaiff
Dionysios fyth ganiatáu i neb alltudio'r
Bacchai o'u bryniau sanctaidd!

PENTHEWS: Pregeth arall? Dim diolch! 'Dwyt ti ddim yn
falch iti ddianc o garchar? Hoffet ti imi
d'anfon di'n ôl?

DIONYSIOS: Petawn i'n dy le di, yn hytrach na gwingo
yn erbyn ei symbylau, buaswn i'n aberthu
i'r duw Dionysios.

PENTHEWS: Aberthaf iddo aberth deilwng, sef afonydd
o waed benywaidd yn llifo dros lethrau
Citheron.

DIONYSIOS: Fe'th orchfygir. Y fath gywilydd! Gwiail y
Bacchai'n drech na thariannau dy fyddin!

PENTHEWS: Sut mae rhoi taw ar gleber dy dafod llithrig?

DIONYSIOS:	Gyfaill – 'dyw hi ddim yn rhy hwyr i gymodi ...
PENTHEWS:	Trwy ufuddhau i fenywod!
DIONYSIOS:	Heb daro'r un ergyd, gallwn eu hebrwng i'th ŵydd.
PENTHEWS:	Ystryw bitw i'm dal yn dy fagl!
DIONYSIOS:	Pa fagl? 'Rwy'n gwneud fy ngorau i'th achub!
PENTHEWS:	Cynllwyn dichellgar i hyrwyddo anlladrwydd!
DIONYSIOS:	'Rwyf i a'r duw yn deall ein gilydd i'r dim!
PENTHEWS:	Dewch â'm harfau imi ar unwaith! A chau di dy geg!
DIONYSIOS:	A! Hoffet ti weld gwersyll y Bacchai?
PENTHEWS:	Talwn yn hael iawn am gael gwneud hynny.
DIONYSIOS:	Dywed wrtha'i beth enynnodd awydd mor eirias.
PENTHEWS:	Byddai eu gweld yn feddw'n fy nghythruddo, rhaid cyfaddef ...
DIONYSIOS:	Serch hynny, 'rwyt am weld peth mor atgas?
PENTHEWS:	Petawn i'n cuddio y tu ôl i goeden, heb wneud smic ...
DIONYSIOS:	Caet dy ddiberfeddu, hyd yn oed wedyn.

PENTHEWS:	Eu herio'n gwbl agored, felly? 'Rwyt ti'n iawn.
DIONYSIOS:	O'r gorau. Wyt ti am imi d'arwain di yno? Wyt ti'n barod i ymadael?
PENTHEWS:	Y funud hon! Pam yr oedi?
DIONYSIOS:	Bydd rhaid iti roi gwisg liain, laes amdanat.
PENTHEWS:	Beth? Newid, chwap, i fod yn fenyw?
DIONYSIOS:	Os adwaenir dy ryw, fe'th leddir.
PENTHEWS:	Digon giwr! Un cyfrwys fuost ti erioed!
DIONYSIOS:	Ysbrydoliaeth Dionysios sydd i gyfri' am hynny!
PENTHEWS:	Dywed wrtha'i, gyfaill hoff, sut y gwireddir dy gynllun?
DIONYSIOS:	Tyrd i'r Palas, imi d'arwisgo.
PENTHEWS:	Dillad menyw! Na! Na! Fyth! Byddai arna'i ormod o gywilydd!
DIONYSIOS:	Mae'th awydd i weld y menywod yn pallu?
PENTHEWS:	Disgrifia geinder fy niwyg benywaidd.
DIONYSIOS:	Ar dy gorun, bryncyn o wallt gosod, euraid.
PENTHEWS:	Ac wedyn?
DIONYSIOS:	Cadach am dy ben; gwisg laes am dy gorff.
PENTHEWS:	Beth arall?
DIONYSIOS:	Ffedog o groen ewig a hudlath yn dy law.

PENTHEWS:	'Rydw i'n gyndyn i wisgo fel menyw.
DIONYSIOS:	Gwelir dilyw o waed os ymleddi â hwy.
PENTHEWS:	Gwir y dwedi. Rhaid ysbïo cyn taro.
DIONYSIOS:	Doethach hynny na tharo a methu.
PENTHEWS:	Sut y tramwyaf i'r Ddinas heb yn wybod i'r Thebiaid?
DIONYSIOS:	Tywysaf i di, gyfaill, trwy ddirgel ffyrdd.
PENTHEWS:	Rhag i'r Bachai fy ngweld! Rhag i'r Bacchai fy ngwawdio! Tyrd i mewn i'r Palas i baratoi at y daith.
DIONYSIOS:	Pleser o'r mwyaf fydd hyrwyddo d'uchelgais!
PENTHEWS:	Efallai, yn wir, y derbyniaf dy gyngor ... Ond efallai yr af i â byddin yn gefn.

Aiff Penthews i mewn i'r Palas.

DIONYSIOS:	O, wragedd! Llawenhewch! Wele'r teyrn yn cwympo i'n rhwyd!
	Yn y man, ar derfyn ei bererindod, fe gwrdd ag Angau! Dionysios – cei di daro cyn bo hir! Gwn dy fod di gerllaw! Cosbwn ef!
	Y cam cyntaf fydd ei ddrysu. Os ceidw ei bwyll, ni fydd am wisgo dillad menyw, ond os cyll ef, fe'i gwisga. Wedyn, er mwyn ei wneud yn gyff gwawd i'r Thebiaid, fe'i tywysaf drwy ganol y Ddinas yn erych fel merchetan – yr arwr hwn a godai arswyd ar bawb!

Fe af i'n awr i dwtio'r dillad newydd sy'n
rhaid iddo'u gwisgo cyn cychwyn am y byd
a ddaw; cyn mynd i gwrdd â'i fam, sy'n
mynd i dorri ei wddf.

Dyna sut y daw Penthews i adnabod
Dionysios ap Sews, y caredicaf o'r duwiau –
a'r mwyaf dialgar, pan gaiff ei gythruddo.

CÔR:

O'r diwedd –
dawnsio'n droednoeth
ar y mynydd,
liw nos!
O'r diwedd –
dawnsio'n droednoeth
yn y gwlith!
O'r diwedd –
cwrdd â'm duw
yn ei gynefin!
O'r diwedd,
Dionysios,
'rwyf yn rhydd!
'Rwy'n ewig
ar ffo
rhag bloedd yr heliwr,
rhag cyfarth ei gŵn,
rhag rhwydi'n cau,
rhag saethau, cyllyll, dannedd miniog,
'rwy'n ffoi!
'rwy'n ffoi!

Mor chwim
â'r storm
hyd lannau'r afon,
fel mellten
gwibiaf
dros y paith
nes cyrraedd
noddfa gu
y Goedwig –

39

a'i hedd!
a'i hedd!

Beth yw doethineb?
Pen dy elyn yn dy ddwylo, rhodd hyfryta'r
duwiau yw.

Nid byrbwyll yw ein duw ni, eithr cadarn ac
anffaeledig.
Yr annuwiol a gerydda â'i fflangell, yr
anffyddiwr a gystwya â'i ffon.

Â maglau di-ri yr amgylchyna ei elynion; eu
tranc sydd yn anochel.

Parchu traddodiad
a deddfau ein tadau;
plygu i'r duwdod
a derbyn ei drefn;
hynny sydd ddoeth,
hynny sydd gyfiawn,
hynny sydd hawdd.

Beth yw doethineb?
Pen dy elyn yn dy ddwylo, rhodd hyfryta'r
duwiau yw.

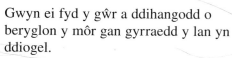

Gwyn ei fyd y gŵr a ddihangodd o
beryglon y môr gan gyrraedd y lan yn
ddiogel.
Gwyn ei fyd yr hwn a oroesodd ei
arteithiwr.
Anghyfartal yw dynion, a'u gwahaniaethau
sydd rif y gwlith; rhai a lawenychant ac
eraill a alarant.

Gwyn ei fyd y gŵr a fwynha ddiddanwch
pob dydd fel y daw.

*Dychwel Dionysios o'r Palas gan droi i alw ar Penthews sy'n dod allan
yn ei dro — yn orffwyll, ac mewn dillad menyw.*

DIONYSIOS: Tydi sydd ar gymaint o frys i weld pethau gwaharddedig! Tydi sy'n ymlid yr hyn y dylid dianc rhagddo! Tydi, Benthews ddewr fab Echion – tyrd allan o'r Palas a chyflwyna'th hun i'n golygon, mewn diwyg menyw. Ysbïwr teg – gellid tybio mai un o'r Bacchai wyt, neu un o ferched Cadmos!

PENTHEWS:

(Yn gwegian, yn dew ei dafod ac yn gweld drychiolaethau).

Gwelaf ddau haul! Gwelaf Thebai, ddinas seithborth, yn ddeublyg. Tithau, fy nhywysydd, tyngwn mai tarw wyt; tarw cydnerth, corniog. Fuest ti erioed yn fwystfil? Rwyt ti'n darw'n awr!

DIONYSIOS: Mae'r duw oedd gynnau'n elyn, 'nawr yn ffrind. Ti weli fel y dylet weld.

PENTHEWS: Ai tebycach wyf i'm modryb, Inô, nag i'm mam, Agawe?

DIONYSIOS: 'Rwyt 'run ffunud â'r ddwy! Ond beth yw hyn? Cyrlen anystywallt fu gynnau'n dwt o dan dy benwisg hardd!

PENTHEWS: Fe ddaeth o'i lle wrth imi ddawnsio'n wyllt, o barch at Dionysios.

DIONYSIOS: Fy nghyfrifoldeb i yw dy gadw di'n gymen! Cwyd dy ben!

PENTHEWS: 'Rwy'n gyfan gwbl yn dy ddwylo di.

DIONYSIOS: Mae'th wregys yn rhy llac a'th wisg yn syrthio'n flêr dros dy figyrnau.

PENTHEWS:	Mae hynny'n wir; mae'n cuddio fy sawdl dde.
DIONYSIOS:	Byddi'n ddiolchgar tu hwnt imi pan sylweddoli – yn groes i'th ddisgwyl – mor ddiwair yw'r Bacchai.
PENTHEWS:	Ai â'r law dde, ynteu â'r chwith y dylwn i gydio yn fy hudlath?
DIONYSIOS:	Â'r ddeheulaw – a chwyd dy droed dde yr un pryd.
PENTHEWS:	'Rwy'n ddigon cry' i godi'r mynydd, ynghyd â'r Bacchai, ar fy nghefn!
DIONYSIOS:	Wrth gwrs! A'th enaid claf yn holliach, nid oes dim na elli wneud!
PENTHEWS:	A fydd angen trosol arna'i i ddiwreiddio'r mynydd mawr?
DIONYSIOS:	Cymer ofal na wnei niwed i drigfannau'r Tylwyth Teg!
PENTHEWS:	Diolch, gyfaill, am f'atgoffa mai anfad ŵr sy'n curo merch. Af i guddio 'mhlith y pinwydd.
DIONYSIOS:	Ble gwell na'r wig i'th gladdu dy hun?
PENTHEWS:	Maent wrthi'n cyplu dan y cangau! 'Rwy'n siŵr eu bod! 'Rwy'n siŵr eu bod!
DIONYSIOS:	Dyna pam yr ei i'w gwylio! Dyna pam yr ei i'w dal! Ond gwylia, rhag i ti, fy nghyfaill, gael dy ddal ganddynt hwy!
PENTHEWS:	Tywys fi ar draws y Ddinas – y Thebiad dewraf fu erioed!

DIONYSIOS:	Yr unig Thebiad sy'n ymboeni ynglŷn â thynged ei famwlad. Tyrd! Mae brwydrau teilwng o'th wrhydri o'th flaen. Tyrd! Fe'th hebryngaf di'n ddiogel i wersyll y Bacchai. Caiff rhywun arall ddod â thi'n ôl ...
PENTHEWS:	Wn i pwy! Mam!
DIONYSIOS:	Caiff pawb dy weld.
PENTHEWS:	Dyna pam 'rwy'n mynd.
DIONYSIOS:	Cei dy gludo'n ôl ...
PENTHEWS:	Â llygaid pawb arnaf!
DIONYSIOS:	... ym mreichiau dy fam.
PENTHEWS:	'Rwyt ti'n fy nifetha i!
DIONYSIOS:	Dy ddifetha di'n llwyr!
PENTHEWS:	Dim llai na'm haeddiant!

Penthews yn ymadael.

DIONYSIOS:	Arwr arswydus yn ymlwybro tua'th dynged arswydus – ti gei ogoniant, a'th ddyrchafu tua'r nefoedd.
	Estyn dy freichiau ato, Agawe; gwnewch chithau yr un modd, ei chwiorydd hi, ferched Cadmos. Cyflwynaf yr unben ifanc hwn i chi ac i'r heldrin waedlyd, lle byddaf i a Bromios anorchfygol yn fuddugwyr.

Aiff yntau allan ar ôl Penthews.

CÔR:	Ewch! Ewch!

43

y geist cynddeiriog,
ewch
at y menywod
ar y mynydd,
merched Cadmos,
lluoedd Bachws!
Rhybudd! Rhybudd!
'Sbïwr!
'Sbïwr ffug-fenywaidd
ddaw i'ch gwylio!
Mam y Cnaf,
hi wêl ef gyntaf.
Bloeddia
ar ei chyd-fenywod:
"Pwy sy'n dod?
Pwy sy'n dod?
Pa erlidiwr
sydd yn dringo
tua'n cuddfan?
Ai cyw draig,
Ai cenau llewes?
Ai hyll lysnafedd
croth y Gorgon
yw'r gelyn hy?"
O! gledd
y dduwies wen,
Cyfiawnder,
gwana wddf
y cablwr,
y ffiaidd!
Dienyddia'r
bradwr hwn!

Gwaradwyddus dy feddyliau,
dreisiwr haerllug ein defodau,
gelyn Bachws anorchfygol.
Cyn bo hir daw awr dy dranc!

Parchu'r duwiau,
byw'n rhinweddol
heb ymhél ag athrawiaethau –
dyna'r fuchedd i feidrolion.

O! gledd
y dduwies wen,
Cyfiawnder,
gwana wddf
y cablwr
ffiaidd!
Dienyddia'r
bradwr hwn!

Fy llew rhuadwy!
Fy sarff saith-beniog!
Fy nharw corniog!
Dionysios,
Bromios,
Bachws,
yn dy fagl
deliaist adyn,
gelyn pennaf
dy fenywod.
Trywana'i wddf!

NEGESYDD 2:   Er mai caethwas wyf, fel pob deiliad
ffyddlon wylaf oblegid trallodion fy meistri.
Galaraf oherwydd dinistr llinach odidocaf
Gwlad Groeg.

CÔR: Pa gampau newydd gyflawnodd y Bacchai?

NEGESYDD 2:   Bu farw Penthews fab Echion.

CÔR: Gogoniant yn y goruchaf i ti, Dionysios, ein
duw! Mawr iawn yw d'enw di yn y nef ac ar
y ddaear hefyd!

NEGESYDD 2:	Sut y meiddi di lawenychu, fenyw, ac arglwydd Thebai'n gelain?
CÔR:	Am mai estrones wyf. Gorfoleddaf mewn iaith nas deallwch, heb ofni na charchar na chraith.
NEGESYDD 2:	Nid taeogion mo'r Thebiaid. Nid llwfrgwn mohonynt. Fe gosbant dy ryfyg barbaraidd!
CÔR:	Nid wyf i'n ofni'r Thebiaid, â'm duw, Dionysios, o'm plaid!
NEGESYDD 2:	Ni ddylet orfoleddu, serch hynny; mae'n anweddus ar achlysur mor drist.
CÔR:	Traetha wrthyf sut y bu farw pen-gorthrymwr ein crefydd.
NEGESYDD 2:	Ar ôl gadael cyrion y Ddinas a chroesi afon Asopos, dyma ni'n tri – y dieithryn, fy meistr a minnau – yn dechrau dringo llethrau mynydd Citheron. Cerdded wedyn nes cyrraedd dyffryn gwelltog – a'r tri ohonom yn troedio'n ddistaw iawn erbyn hyn, heb yngan gair. Gerllaw, mewn cwm coediog, cul, a nentydd gwynion yn chwyrnellu i lawr ei ochrau 'sgythrog, gwersyllai'r menywod – y Bacchai.
	'Roeddynt yn ddiwyd ac yn ddiddan. Rhai'n plethu eiddew am ei gwiail, eraill yn dawnsio'n llon gan ddifyrru ei gilydd trwy ganu emynau o fawl i Bachws. Golygfa waraidd! Ond 'roedd Penthews yn anfodlon.
	"Clyw, ddiethryn," meddai, "deuthum i yma i wylio anlladrwydd y Bacchai! Beth am ddringo i ben rhyw binwydden dal i

gael golwg iawn ar y giwed fasweddus?"

Dyna pryd y gwelais i'r dieithryn yn gwneud gwyrthiau. Cydiodd yn un o gangau'r binwydden a ddewisodd Penthews, a gwyro'r goeden tua'r ddaear, fel saethwr yn tynhau ei fwa, neu saer yn 'stumio pren i wneud cylch am olwyn. Gweithred oruwchnaturiol, heb os nac oni bai! Wedyn, gosododd y dieithryn yr Arglwydd Penthews ar gopa'r goeden a gadael iddi ymsythu, gan gymryd gofal na hyrddid y marchog o'r cyfrwy cyn pryd. Yn y man, anelai'r binwydden tua'r nefoedd unwaith eto, â'm meistr ar ei brig.

Dyna pryd y gwelodd y menywod ef – ac yn gliriach nag y gwelai ef hwy!

A dyna pryd y diflannodd y dieithryn, ac y clywsom lais – llais Dionysios, yn ddiau – yn llefain â llef uchel:

"Wele'r ysglyfaeth a gyflwynaf i chi, fy menywod! Hwn yw'r anffyddiwr a'ch erlidiai. Hwn yw'r annuwiol un a wawdiai fy nefodau. Cosbwch ef! Drylliwch ef!"

Fel y llefarai, cysylltwyd daear a nef â fflach ddwyfol. Yna, llethwyd yr wybren gan dawelwch iasol. Ni chlywid siffrwd deilen na chri'r un anifail yn y cwm. Edrychai'r menywod o'u hamgylch heb amgyffred yn iawn fyrdwn y neges. Ail-adroddodd y duw ei orchymyn.

Y tro hwn, deallodd y menywod i'r dim, a chodi fel haid o sguthanod. Gwibiasant dros greigiau, clogwyni a rhaeadrau â'r gynddaredd ddwyfol yn eu gyrru, nes

cyrraedd y goeden y gorseddwyd
f'Arglwydd Penthews ar ei brig. Dringo i
ben craig enfawr gyfagos wedyn a phledu
eu prae â cherrig a ffyn, ond clwydai'r truan
yn rhy uchel i'w llid ei gyrraedd. Dyma
fynd ati, felly, i gipio cangau oddi ar y deri
a thurio dan wreiddiau'r binwydden â
throsolion praff, di-haearn – ond yn ofer eto;
a llefodd Agawe:

"Amgylchynwch y goeden a siglwch ei
boncyff! Rhaid dal y bwystfil fry rhag iddo
ddatgelu cyfrinachau ein duw!"

Ymaflodd mil o ddwylo yn y binwydden a'i
thaflu i'r ddaear, a Penthews gyda hi, yn
wylo'n dorcalonnus, canys gwyddai fod
Angau gerllaw.

Ei fam, Agawe, oedd arch-offeiriades ei
lofruddiaeth. Fel y rhuthrodd hi ato,
diosgodd yntau ei benwisg, er mwyn iddi ei
adnabod, ac arbed ei fywyd. Anwesodd ei
gruddiau dan ymbil:

"Mam! Fi sy'ma! Penthews – dy fab di ac
Echion! Paid â chosbi 'nghamweddau trwy
ddifa dy blentyn!"

Ni chlywai hi ei eiriau, â llid Bachws yn ei
meddu. Rhythai ei llygaid. Ewynnai ei cheg.
Cydiodd yn ei law chwith, dododd ei
throed ar ei ystlys a rhwygo'i fraich o'i bôn!
Gwnaeth Inô, ei chwaer, yr un modd â'r
fraich arall, ac ymunodd Awtonoe a'i chriw
â hwy yn y gwaith dieflig o ddarnio a
datgymalu'r corff.

Llanwyd y fangre gan wylofain y gŵr ifanc
a bonllefau ei boenydwyr. Aeth un ymaith

â'i fraich, un arall â throed a'r esgid yn dal arni, a chrafangwyd pob mymryn o gnawd oddi ar ei asennau.

O! y fath chwarae gwaedlyd wedyn! Dwylo ysgarlad yn lluchio talpiau o gnawd hyd y goedlan! Ond am y pen – hawliodd Agawe hwnnw a'i osod ar flaen ei hudlath. Credai mai pen llew ydoedd, ac yn llawn gorchest, cefnodd ar ddathliadau ei chwiorydd gan rodio'r rhosydd yn arddangos ei thlws.

Ac yn awr, dan foli Bachws, "ei chyd-heliwr, ei chydymaith a'i chymar hardd," brasgama tua'r Ddinas, â'i bryd ar gyflwyno iddo ef wobr a fedyddir â'i dagrau.

Nid arhosaf i yma i weld y greadures anffodus. Da bo chi. Byw'n gymedrol gan barchu'r duwiau yw'r llwybr doethaf i feidrolion ei dramwyo – yr harddaf a'r diogelaf hefyd.

Aiff yr ail negesydd allan.

CÔR:

Canu, dawnsio
gerbron Bachws;
dathlu cwymp
yr unben traws,
Penthews haerllug,
dreigfab, coegferch
yn dilyn tarw
i faes y gwaed!
y Bacchai –
chi a orfu!
Dathlwch
â dagrau!
Ferched Cadmos –

49

eich goruchafiaeth
chi
yw mam
yn trochi ei dwylo
yng ngwaed
ei mab!

AGAWE: Y Bacchai o'r Dwyrain!

CÔR: Pwy sy'n galw f'enw?

AGAWE: Deuaf o fynydd Citheron. Deuaf at furiau Thebai â thorch o eiddew. O, hapus, hapus helfa!

CÔR: Henffych! Henffych, Agawe! Henffych a chroeso i'n plith.

AGAWE: Dyma'r llew a ddeliais, heb rwyd na magl chwaith.

CÔR: Llew o ble?

AGAWE: O fynydd Citheron.

CÔR: O fynydd Citheron?

AGAWE: Yno y trengodd.

CÔR: Pwy a'i trawodd?

AGAWE: Myfi a'i trawodd. Myfi a'i lladdodd. Myfi – Agawe lawen, chwedl y Bacchai.

CÔR: A gefaist ti gymorth?

AGAWE: Do, gan ferched Cadmos.

CÔR: Merched Cadmos?

AGAWE:	Y ddwy ferch arall; ond myfi oedd gyntaf! Myfi a'i trawodd! Myfi a'i lladdodd! Agawe lawen!
CÔR:	Agawe lawen! Agawe druan!
AGAWE:	Chwiorydd annwyl, dewch i'r wledd!
CÔR:	Pa wledd, Agawe? Gwae ti! Gwae ti!
AGAWE:	Cenau ifanc â'i flew fel sidan.
CÔR:	Nid yw'n annhebyg i anifail gwyllt.
AGAWE:	Bachws yr heliwr a ddarganfu ei drywydd; ef a'n harweiniodd at loches ein prae.
CÔR:	Heliwr dihafal, yn wir, yw ein harglwydd.
AGAWE:	Haeddaf innau foliannt!
CÔR:	Dy foli a wnawn!
AGAWE:	Cyn bo hir bydd y Thebiaid i gyd yn fy nghanmol.
CÔR:	Yn dy ganmol di gyda Penthews, dy fab.
AGAWE:	Mor falch fydd fy mab o'i fam fuddugoliaethus.
CÔR:	A'i gwobr odidog!
AGAWE:	Godidog yn wir!
CÔR:	'Rwyt felly yn ddiddig?

| AGAWE: | Llawenydd fwy eirias ni theimlais erioed! |
| | Cyflwynaf i Thebai fy ysbail yn rhodd! |

CÔR:	Druan ohonot!
	Dangos i'r Ddinas y tlws a gipiaist â'th
	ddwylo dy hun.

AGAWE:	Drigolion Thebai, ddinas y tyrau hardd,
	edmygwch f'anrhaith; y bwystfil peryglus a
	laddwyd gennym ni, ferched Cadmos – nid
	â phicell nac mewn rhwyd – ond â'n dwylo
	gwynion! Naw wfft, o hyn ymlaen, i helwyr
	gwrywaidd pan ymffrostiant am gampau
	ag arfau o haearn! Â'n dwylo ni'n hunain y
	darniwyd y creadur hwn! Cofiwch chi
	hynny, pob copa walltog! Ond ble mae
	'Nhad? Ble mae Penthews, fy mab? Ewch i
	ddweud wrth Penthews 'mod i am iddo
	hoelio pen y llew a leddais uwchlaw Porth
	Mawr y Ddinas!

Daw Cadmos i mewn a gweision yn ei ddilyn dan gludo gweddillion
Penthews ar elor.

CADMOS:	Dewch, gaethweision; gosodwch
	weddillion trist fy ŵyr Penthews, ger
	muriau'r Palas. Swydd enbyd fu casglu'r
	'sgyrion gwaedlyd yng nghilfachau
	Citheron.

	'Rôl dathlu gyda'r Bacchai, dychwelwn i a
	Teiresias tua'r Ddinas, pan glywsom am y
	camwedd ffiaidd gyflawnwyd gan fy
	merched. Yn ôl i'r mynydd yr euthum, i
	gyrchu malurion Penthews tua thre. Ger y
	fan y dienyddiwyd ef, gwelais Awtonoe ac
	Inô, â symbylau gorffwylledd hyll yn eu
	gwylltu.

AGAWE:	'Nhad! Tad y merched dewraf genhedlwyd erioed! Teg yw canmol Inô ac Awtonoe, ond myfi'n bennaf biau'r clod. Gadewais y dröell a'r wŷdd a mynd i hela anifeiliaid gwylltion â'm dwylo di-arf.
	Dyma ti – prawf o'm gwrhydri a thlws i'w osod, er anrhydedd, ar bared y Palas. Ymfalchïa yn fy llwyddiant a galw dy gyfeillion ynghyd i'r wledd! Gwyn ei fyd yr henwr a dadogodd arwresau!
CADMOS:	O! erchylltra anrhaethol, boendod di-ben-draw! Aberth hardd i'r duwiau! Anrheg na welodd Thebai erioed mo'i bath! Gwae ti. Gwae fi. Os cyfiawn yw'r gosb, caled yw'r ddyrnod. Difethodd y duw Dionysios ein hil – a'i linach ei hun.
AGAWE:	Chwerw ac oer yw ysbryd hen ŵr! O na fai fy mab yn heliwr hardd, yn bencampwr helwriaeth! Mae'n haeddu cerydd am herio'r duwiau. 'Nhad! Deled yma ar unwaith i'm llongyfarch, ac i ryfeddu at fy llwyddiant!
CADMOS:	Dy ing fydd yn annioddefol pan adferir dy bwyll. Byddi'n ffodus oni ddigwydd hynny fyth.
AGAWE:	Pam wyt ti mor drist, â'th ben yn dy blu?
CADMOS:	Cwyd di d'olygon; sylla tua'r nef.
AGAWE:	O'r gore; ond pam y dylwn i wneud y fath beth?

CADMOS:	A yw'r wybren 'run ffunud ag ydoedd o'r blaen?
AGAWE:	Mae'n llawer disgleiriach, yn burach yn awr.
CADMOS:	A yw d'enaid a'th feddwl yn ddryslyd o hyd?
AGAWE:	Efallai, efallai ... 'Rwy'n dod ataf fy hun.
CADMOS:	A ddeëlli di 'ngeiriau? A glywi fy llais?
AGAWE:	'Rwy'n clywed dy eiriau ond anghofiais y pwnc.
CADMOS:	Dywed wrtha'i, ferch annwyl, beth yw enw dy ŵr?
AGAWE:	Ei enw yw Echion ap Dannedd y Ddraig.
CADMOS:	Ac enw'i fab yntau, a anwyd i ti?
AGAWE:	Penthews yw hwnnw. Penthews yw'n mab.
CADMOS:	A phwy biau'r pen – y pen sy yn dy gôl?
AGAWE:	Dywed fy ffrindiau mai pen llew ydyw hwn.
CADMOS:	Edrych eto! Edrych eto! Edrych yn iawn!
AGAWE:	Beth ydyw? 'Nhad! Beth yw'r peth sy yn fy llaw?
CADMOS:	Craffa, Agawe ac fe weli beth yw.
AGAWE:	'Rwy'n gweld ... 'rwy'n gweld trallod a phoen.

CADMOS:	Ai pen llew ydyw, ferch? Dywed y gwir!
AGAWE:	Penthews, fy mab!
CADMOS:	Buom yn galaru cyn iti ei 'nabod.
AGAWE:	Pwy laddodd fy mab? Pam y mae hwn gen i?
CADMOS:	Annioddefol yw'r gwir. Gwell imi ei gelu.
AGAWE:	Llefara, fy nhad! Clyw fy nghalon yn dyrnu!
CADMOS:	Ti a'i lladdodd, Agawe, Ti laddodd dy fab.
AGAWE:	Ymhle! Yn y Palas? Dywed pryd ac ymhle!
CADMOS:	Ar y mynydd, lle darniodd cŵn Acteon eu meistr.
AGAWE:	Pam aeth ef tua Citheron? Druan ag ef!
CADMOS:	I ddilorni Dionysios a'ch defodau, fy merch.
AGAWE:	Sut aethom ni yno? Sut? A phaham?
CADMOS:	Gwallgofrwydd a'ch meddodd, a'r Ddinas i gyd.
AGAWE:	Dionysios a'n difethodd; gallaf weld hynny'n awr.
CADMOS:	Am wadu ei dduwdod y'ch cosbwyd mor llym.
AGAWE:	Ble mae corff f'annwyl blentyn? 'Nhad, ble mae hwnnw?
CADMOS:	Mae darnau ohono ar yr elor, gerllaw.

AGAWE:	Yn weddus, gobeithio, y'i dodwyd ynghyd.
	Pa ran fu gan Penthews yn fy ngwallgofrwydd?
CADMOS:	Dirmygodd yntau Dionysios. Dyna pam y melltithiodd y duw ni i gyd: ti a'th chwiorydd, dy fab, a minnau - 'does gen i'r un disgynnydd gwrywaidd mwyach. Wele, wraig druenus, ffrwyth dy groth di!

Cadmos yn annerch gweddillion Penthews.

> Penthews, eilun dy deulu, gynt; cynhaliwr fy nghronglwyd; unig fab fy merch; tydi a ofnid gan yr holl Ddinas, fel na feiddiai undyn fy sarhau yn fy henaint ...
> Oherwydd dy gwymp di, fe'm hymlidir fel dihiryn o'r palas hwn; myfi, Cadmos Fawr, tad y Thebiaid!

> 'Mhlentyn annwyl i, ddoi di fyth eto i anwesu 'ngên, i holi amdana'i ac i fygwth â grym dy ddialedd unrhyw un a fyddai wedi 'nhramgwyddo. Gwŷr truain iawn ydym bellach, ill dau. Alaethus yw cyflwr dy fam a'i chwiorydd ...

> Os oes yn unman anffyddiwr rhonc a'i ryfyg yn difenwi'r duwiau – gweled, ystyried hyn, a chredu yng ngrym hollalluog yr Anfeidrolion.

Aeth y llinellau a geid rhwng yr araith uchod ac ymddangosiad Dionysios i ddifancoll.

---

*Ymddengys Dionysios, **Deux Ex Machina** o'r awyr.*

DIONYSIOS: Pechodd trwy lid a chenfigen. Erlidiodd ei gymwynaswr, ei ddifenwi a'i garcharu; o'r herwydd, fe'i llofruddiwyd gan ei geraint – cosb annaturiol o gyfiawn.

Cosbir chwithau, ei deulu. Fe'ch alltudir. Ni ddylai'r lleiddiaid breswylio ger y bedd. Cei di, Cadmos a'th wraig, eich troi'n seirff gwenwynig, a'ch tynghedu i arwain lluoedd anwaraidd i anrheithio Gwlad Groeg, hyd nes y difrodwch deml Apolo, pryd y'ch difethir chi. Dim ond trwy ras Ares, duw Rhyfel, y daw hedd i'ch eneidiau.

Myfi, eich barnwr, nid mab i dad meidrol ydwyf, eithr Dionysios fab Sews. Petaech chi wedi parchu fy nuwdod, buasech yn wyn eich byd.

[... Yma y derfydd y testun a gyfansoddwyd gan Ewripides. Ysgolheigion diweddarach biau'r gweddill].

AGAWE: Trugarhâ, Dionysios, cyffeswn ein camwedd.

DIONYSIOS: Rhy hwyr! Ni'm hadwaenaist pan ddeuthum i'ch plith.

AGAWE: 'Rwy'n wir edifeiriol – ond rhy galed yw'r ddyrnod.

DIONYSIOS: Fe'm ganwyd yn dduw; gennych chi ces sarhad.

AGAWE: Os wyt ti'n dduw – na ddial fel meidrolyn!

DIONYSIOS: Eich tynged a bennwyd gan ddedfryd fy Nhad.

AGAWE:	Gwae ni, henwr llesg, a'n halltudiaeth anorfod.
DIONYSIOS:	Nad oedwch, feidrolion! Ewch ar eich hynt!
CADMOS:	Blynyddoedd o artaith sydd o'n blaenau, Agawe; nes croeswn ni'r Afon, ni ddaw heddwch i ni.
AGAWE:	Alltudiaeth ar wahân; saith gwaeth ydyw hynny.
CADMOS:	Gollwng d'afael, f'anwylyd; mae'n rhaid inni fynd.
AGAWE:	I ble'r af i? I ble'r af i? I ble'r af i yn alltud?
CADMOS:	Wn i ddim. Hen ŵr musgrell a hurt yw dy dad.
AGAWE:	Ffarwél, Ddinas Thebai, a phlas fy hynafiaid; yr aelwyd lle bûm i yn wraig ac yn fam.
CADMOS:	Dos – a chwilia am noddfa yn llys rhyw uchelwr.
AGAWE:	Mae'n ddrwg gen i drosot.
CADMOS:	Wylaf o'th blegid di.
AGAWE:	Fflangellwr didostur yw'r teyrn, Dionysios!
DIONYSIOS:	Fe'ch cosbwyd yn gyfiawn am gabledd a sen.
AGAWE:	Da bo ti, 'Nhad.
CADMOS:	Da bo ti, ferch.

AGAWE: Hebryngwch fi at fy chwiorydd a'm cyd-
alltudion.

                                   Awn ymhell, bell o gyffiniau gwaedlyd
Citheron, i fan na fydd neb na dim i'n
hatgoffa am Bachws na'i hudlath na'i
eiddew. Caiff Bacchai newydd ofalu am y
rheini.

ARWEINYDD Y CÔR: Amryfal yw ffurfiau'r duwdod –
Yn aml, ein siomi wna;
Ond ni cheir byth faddeuant
I feidrolyn a'i sarha.

DIWEDD